Ambición de claridad

Iván Suárez Parades

Ediciones de La Discreta
Colección *Bastardilla*

1ª. edición: 2024

Coordinación editorial: José Ramón Fernández de Cano y Martín
Diseño de la colección: Roberto Ripio
Diseño de cubierta: Roberto Ripio
Diseño gráfico: Juan Varela-Portas
Corrección: Ana Isabel Espejo Madrigal

ISBN: 978-84-18130-20-5
Depósito legal: M-3559-2024

Ediciones de La Discreta S. L.
c/ Arroyo de los sauces 14, 3º-2
28430 Alpedrete (Madrid)
Tel: 91-8515083; 625555882
www.ladiscreta.com
e-mail: administracion@ladiscreta.com

Impreso en España / Printed in Spain

PRÓLOGO

Es un privilegio adentrarse en las páginas de *Ambición de Claridad*, la obra poética que nos ofrece Iván Suárez Parades. Con este poemario, su autor nos invita a un viaje al corazón mismo de la vida y a sumergirnos en la complejidad del alma humana a través de un lenguaje poético que se funda con sencillez.

En cada poema, descubrimos una cuidadosa amalgama de forma y contenido, donde cada palabra parece ser elegida con precisión para transmitir no solo significados, sino también matices emocionales de gran frondosidad. Al arrojarnos a estos versos que cabalgan entre endecasílabos y alejandrinos, podemos percatarnos de que cada silencio, cada metáfora, tiene un propósito, como piezas de un rompecabezas literario.

La obra se erige como un canto a la simplicidad, a la belleza oculta en lo efímero y a la conexión esencial con el entorno que nos rodea. «Necesitamos poco para contradecir / nuestra infelicidad».

Entrando en los poemas de *Ambición de claridad* con el pensamiento lento, emprendemos un viaje poético que trasciende las palabras y nos acerca a las cosas pequeñas con una inocencia renovada. «Construir precipicios / para vociferar desde sus bordes / una nueva inocencia». El autor nos conduce a través de un paisaje lírico donde las emociones se entrelazan con la naturaleza, y la claridad se busca con fervor en los recovecos de la vida cotidiana.

Muchos de los poemas de este libro nos invitan a vivir con plenitud, a celebrar cada acontecimiento de nuestra existencia aunque nos hallemos «en el fondo de un pozo», «porque tal vez mañana / ya no estemos aquí», y a encontrar la luz de la oscuridad.

Con un lenguaje poético que fluye como un río sereno, el autor se abre al poema y se rasga la piel con sus preocupaciones del vivir humano. «Que me injerte el paisaje su inmensa claridad / y me ayude a vencer al invierno que soy / cuando pienso en la muerte / de mis seres queridos». Estamos ante una voz lírica dispuesta a expandirse como el universo para vivir una vida con sencillez de árbol. «Hay ganas de no ser / este hombre revolcado en la autocomplacencia / que enmascara con ruido su verdadero yo / por temor a saberse certeza de la nada».

Ambición de claridad se revela como una obra que exalta una visión gozosa del mundo, como una aventura poética que entrelaza imágenes primigenias que centellean como antorchas: «entre el cauce de espinas / introduzco mis pies / igual que un bailarín que da un giro en el aire».

En cada poema, el autor nos sumerge en una fusión de simbolismos, metáforas y referencias literarias que revelan un estudio minucioso de la poesía como forma artística. La intertextualidad se convierte en un elemento destacado, enriqueciendo la obra con capas de significado que invitan a múltiples interpretaciones.

La poesía de Suárez Parades no solo se edifica como un reflejo de sus propias experiencias y reflexiones, sino también como un diálogo con la rica tradición literaria que lo precede. La mezcla de influencias y estilos que se entrelazan en esta obra evidencian un profundo conocimiento del canon poético, así como la capacidad del autor para reinterpretar las formas poéticas clásicas.

Este libro no es solo una colección de poemas; es un compendio de pensamientos resilientes, un elogio a la rebeldía ante las convenciones que limitan la verdadera experiencia y una exaltación de la belleza intrínseca de lo que somos.

La presente obra poética refleja claramente que la poesía no solo es un medio de expresión, sino también un medio de exploración y descubrimiento. Suárez Parades invita al lector a sumergirse en las complejidades de la existencia y a abrazar la ambigüedad con la misma pasión con la que él mismo aborda la creación poética. «Existe algo dichoso que nos hace pensar / que merece la pena seguir hasta la muerte / con intacta ilusión».

El autor nos mece con la alegría de su dolor, desde la contemplación de la naturaleza hasta la reflexión sobre la muerte y la celebración de la vida en su forma más auténtica. Nos recuerda que la claridad no es solo un objetivo, sino un proceso continuo de descubrimiento y aceptación.

Este poemario es, en última instancia, un canto al vivir («Hoy quiero celebrar / cuanto miro y no pienso»), un recordatorio de que la vida, con todas sus complejidades y desafíos, es un regalo que debemos apreciar en su plenitud. Así, *Ambición de Claridad* se convierte en un faro que ilumina nuestro propio viaje, animándonos a regresar a la vida solitaria, a ser conscientes de cada instante y a celebrar el milagro de seguir existiendo.

Que este prólogo sirva como guía inicial de todo lo que acontece en la claridad de las siguientes páginas.

ELVIRA SUÁREZ PARADES

A mis padres. A mi hermana.

¡Yo quiero ser todo de luz,
así derramarme en el viento!

JUAN RAMÓN JIMÉNEZ

El día de los hombres está hecho
de algo que solo empieza con la luz.

ROBERTO JUARROZ

Ahora necesito claridad, necesito sobre mi vida un amanecer.

ORTEGA Y GASSET

La luz: la piel del mundo.

JOSÉ EMILIO PACHECO

MAESTRAZGO (TIERRA DE CLARIDAD)

Ya solo hay luz dentro de mis ojos.

Cuando sienta otra vez
que no estoy en mis ojos
y el frío de la vida
asole las palabras,
volveré a donde fui
tan limpio como el aire de los bosques.

Reclinado en el filo de los días
encontraré mi luz en las alas del buitre,
en la orfandad de sendas cubiertas por la nieve
o en esa lentitud de las calles vacías
que hace que no existamos
en los ruidos del mundo.

Cuando de nuevo sea
el que olvida vivir
como vive quien salta
una hoguera de muertes,
regresaré a la tierra que celebra
con tenaz claridad
lo que a nadie interesa.

LAETITIA

Vivir de nada, ser feliz con nada,
con casi nada, porque lo demás
vendrá, si viene, por añadidura.

J. A. González Iglesias

Necesitamos poco para contradecir
nuestra infelicidad.

Mirar por la ventana al despertarnos
y confirmarnos vivos
al sentir los espasmos de la luz
llegándonos al hueso.

El roce luminoso de otra piel.

Dar las gracias al mirlo
que alienta con su canto.

Tener un solo fin: ser más verdad.

Pararnos e infectarnos
del lento movimiento de los árboles.

Morder pausadamente
una hogaza de pan recién hecha.

Sentir la agitación
de un verso que despunta de la nada.

Caminar solitarios sin buscar lo encontrado.

Recordarse a menudo que lo poco que somos
es un bello milagro y que tal vez mañana
ya no estemos aquí.

MI ÚNICA VOLUNTAD

Cuando el sol cae oblicuo
como una lanza, y es verano.

CHANTAL MAILLARD

Ahora que el sol cae en lo abierto del monte
como un chorro de vino salpicando las cosas
y un intenso silencio se apodera del mundo,
me consagro a mirar
el encuadre flamante de esta tarde
que lo embadurna todo de entusiasmo
y proclamo a los vientos mi única voluntad:
que me injerte el paisaje su inmensa claridad
y me ayude a vencer al invierno que soy
cuando pienso en la muerte
de mis seres queridos.

PERÍODO DE MUDA

Nuestro período de muda, como el de las aves,
debe ser una crisis en nuestra vida.

HENRY DAVID THOREAU

Hay ganas de no ser
este hombre revolcado en la autocomplacencia
que enmascara con ruido su verdadero yo
por temor a saberse certeza de la nada.

Hay ganas de no ser el que abate sus sueños,
el que acepta su sino ante umbrales sin paso,
ese hombre que se embriaga con monedas,
que se entrega a la farsa para obtener aplausos
y no mira los árboles,
ni agradece al silencio el saber que delata,
ni se busca en senderos donde insiste la tierra
en plagarse de flores,
y se niega a sentir lo que siente sin más,
y detesta estar solo mientras la noche pone
cada día su altar.

Hay ganas de no ser,
de arrancarse la piel
y cavar hasta el hueso
para certificar lo ridículo
de creerse invencible.

INSTRUCCIONES PARA NO PERDER
LA PROPIA CLARIDAD

Anhelar el hallazgo,
deslizarse salvaje por la rampa
sin saber qué vendrá,
decir no hasta abatir toda perfidia,
construir precipicios
para vociferar desde sus bordes
una nueva inocencia,
encadenarse al salto impetuoso,
al riesgo de atreverse a no ser siempre el mismo
y decirles *no quiero* si te obligan a ser
la persona obediente que se arranca del pecho
su verdad.

AMBICIÓN DE CLARIDAD

Entre el cauce de espinas
introduzco mis pies
igual que un bailarín que da un giro en el aire
y comienzo a sentir esa sed de más sed
trepando en mi garganta como una enredadera
de ruido interminable.

Sé que conseguiré
agrietar este miedo a disiparme en mí,
esta extraña impresión de pernoctar
en el fondo de un pozo al que nadie se asoma
y que pronto seré el que erige en su espíritu
una vez más, poco a poco,
el gozo de existir.

LA ELECCIÓN

Debemos arriesgar el deleite.

JACK GILBERT

Elijo el sobresalto,
el desgarro, las partidas perdidas
en pos de lo genuino,
la insubordinación,
el bello desenlace de quitarse de encima
toda prosperidad que no venga de dentro,
de la gran claridad que persiste en nosotros.

Esta y nada más que esta manera de existir.

No más alternativas.

QUÉ MAS DA

Claridad significa tranquila posesión espiritual.

ORTEGA Y GASSET

Hoy el cielo es un muro infranqueable,
una bandera negra mecida por Satán.

No existen hospicios que protejan de su ira
en estas tierras que ayer eran fiebre y conforte.
Estamos desarmados,
perdidos en las sombras como lobos hambrientos.
Somos humo de leña, intemperie,
rehenes de esas nubes testarudas
que parecen hincarse en la retina
como las dentelladas de un caníbal
en el pecho de un hombre.

Pero seguimos vivos,
¿qué otra felicidad podemos desear?

TU BATALLA

Para ocultar quizás lo único verdadero:
Que respiramos y dejamos de respirar.

JORGE TEILLIER

Dices que eres rotura,
que tus ojos se enclaustran en la celda
de la melancolía cada vez que amaneces.

Dices y no contemplas el misterio que refulge
en esa oscuridad que lentamente incuba
una nueva alegría.

No evadas el derrumbe de quien fuiste,
cruza lo que te aterra desnudo en tu silencio,
sin anclajes ni apuros,
y vuelca la mirada en el gran universo
que se expone ante ti.

Pues cuando no respires,
ya nada podrás ver.

LA ORACIÓN DE UN PASEO

Sin pasear estaría muerto.

ROBERT WALSER

Sepultarme en la luz de esta tarde de abril
sin que nadie me vea y esperar en silencio
a que nada se cumpla para ser como el árbol
que enterrando raíces robustece sus ramas
y comienza los días asistiendo a gorriones.

LA GLORIA

La gloria no se obtiene en lo logrado,
es tuya a cada instante
si sueltas las amarras y dejas que la vida
te lleve por sus cauces.

BAJO UN NOGAL

Donde crece el nogal te has tumbado a esperar
a que muera la tarde
como si nunca más se repitiese
un ocaso en la Tierra.

De júbilo te colmas mientras también en ti
van muriendo los ecos de aquel ansia insolente
que te impedía ver
la estoica plenitud de lo que vive.

Qué hermosa la espera
cuando solo te brinda
la templanza olvidada.

ELOGIO DE LA REBELDÍA

Deberíamos tratar nuestras mentes, es decir,
a nosotros mismos, como a niños inocentes e ingenuos
y ser nuestros propios guardianes.

HENRY DAVID THOREAU

¿Para qué este desgaste de no ser quienes somos,
este anhelar el éxito
que camufla el primor de las cosas humildes
y nos hace olvidar que moriremos?

¿Por qué tanta insistencia en vivir como clones,
en no aceptar la pausa para mirarnos dentro
y vencer a la inercia de los hábitos
que castran el asombro?

Mucho mejor vivir como esas aves
que arrancan con su vuelo las plumas que les sobran
y surcan sin destino un cielo que quebranta
el orden de lo igual.

CONMOVERSE

Ignorar es la única
manera de vivir plenamente.

JOSÉ CORREDOR MATHEOS

Bajo este cielo de junio lapidado de gris
vas lento entre los chopos
(como fuente que mana
gota
a
gota)
con la clara conciencia
de que nada precisa ser perfecto,
ni siquiera los ojos ya cansados
desde los que te asomas
a un mundo que se cae,
para asegurar que eres
un hombre conmovido
que vive todavía
en busca de belleza.

SIN PALABRAS

Si pudiera expresar lo que siento esta tarde
que se ofrece en quietud y me rocía el rostro
con la limpia antesala de su ocaso.

Si yo pudiera hablar más alto que el paisaje,
vencer a la extrañeza que ahora emerge ante mí
y tender las palabras en el aire
subido en los andamios del asombro.

Si pudiera decirlo con el temple del tilo,
sin perderme en lo vano, lleno de claridad
hasta mis bordes y dejándome ser,
me pondría a la altura de las cosas que no hablan
y callaría como si estuviese sin vida
por respeto a esta tarde de belleza indecible
que
me
mata

de asombro.

CORDURA

Vivir entre las cosas como un sol matutino,
limpios de la zozobra que intentan imponernos.

Vivir dando importancia a lo que sí la tiene:
al olmo inclinado que da hogar a los pájaros,
a lo que no buscamos y late sin cesar
delante de nosotros.

Vivir con el amor incrustado en los huesos,
con la bella certeza de que acabará todo
y que solo seremos

olvido de este ahora.

CANTO A MÍ MISMO

Me celebro y me canto.

WALT WHITMAN

Soy la sed infinita,
la mirada sin riendas que vislumbra
el insomnio del bosque,
un hombre en intemperie
que construye sus horas de alegría inviolable
a merced de lo puro.
Soy este que contempla el transcurrir del tiempo
sin pensar en un fin,
el que se asoma al alba con deseo voraz
de encadenarse al mundo
y rige sus ideas
y desmiente el dolor
y quebranta las normas
que estipulan aquellos que se niegan a ser
terrestres como el suelo.

GRANDE ES LO EFÍMERO

Ahora aspiro a las cosas sencillas de la vida.

DOLAN MOR

I

Guardar en la retina
el mural de este cielo que enmudece el orgullo
de creerse tan grande,
someterse al resuello
de esta brisa de otoño
y buscar (sin saberlo) un secreto en las cosas
es nacerse otra vez.

II

Hay que amar el enigma
de ser esta persona
que se lamenta y ríe,
plegarse en el silencio
y dejarse caer igual que una hoja
al fondo de uno mismo
para enternecerse
y limar la aspereza que nos impide vernos
límpidos como el agua
que brota de la cumbre.

III

Morir en gratitud
con un breve existir
será un hecho innegable
si aceptamos que somos
un puñado de células
que han venido a asombrarse
con lo arcano del mundo.

EJERCICIO MANUAL QUE TE ACERCA
A LA CLARIDAD

El tendón más pequeño de mis manos
avergüenza a toda la maquinaria moderna.

LEÓN FELIPE

Cuando sientas tristeza
agradece las manos que sostienen el vaso,
que se mueven perfectas al abrir la ventana
y se abisman en cuerpos descifrando el placer
como si nada fuese repetido en el tiempo.

Contémplalas, únelas en santa comunión,
obsérvate en sus surcos
y ensúcialas con la tierra que te obsequia alimentos.

Volverás a tu centro despojado de enojo
y con firme evidencia
de que aún sigues vivo.

SOL DE MAYO

Dejemos que este sol
intenso en su raíz,
tan fiero en la caída que desborda
perfore nuestro pecho y llegue hasta los huesos
robusto en su alboroto.

Tal vez así, en albor de llamarada
podamos vernos limpios,
con todo al descubierto.

ESTE HERMOSO HOY

Hoy todo es levedad:
este saberse polvo,
este perder el tiempo
caminando sin dónde,
este justo exiliarse
de los ruidos del mundo,
esta gran claridad
que se posa en las cosas,
esta resolución
de soltar las amarras
y nombrarse en el mapa
donde gana quien pierde.

AL AMPARO DEL POEMA

El aire está azotando la ventana
con saña de traición
mientras este poema que engendro en soledad
se arreboza en mi sangre
y destruye la celda de lo nunca decible.

Que penetre aquí el viento en su osada violencia
y se atreva a vencer a esta hermosa ebriedad
que me alienta y sostiene.

Caerá como un lobo derrotado
a los pies de estos versos
que son faro y broquel.

Siempre hay un resurgir,
una guerra vencida
cuando se abre el poema
y nos da claridad.

CARÁCTER

Ni siquiera este lunes
que pende en la tristeza
de su luz mortecina
nos hará desistir
de arrojarnos
a las aguas salvajes
desoyendo el consejo
de quienes nunca apuestan
por romper los cerrojos.

IN MEMORIAM REVOCARE

Si te hallas desvalido en una oquedad
repleta de miserias,
recuerda que en cualquier lugar del mundo
resucita la mañana
y el trino de los pájaros entierra en el olvido
los arrullos violentos
de lo que parecía inacabable.

DESDE EL SUELO

Mis pies aman la música de las hojas secas.

VICENTE VALERO

Mirad cómo las hojas que yacen en el suelo
celebran su caída.
Sin la fuerza del sauce prosiguen con la danza
que el viento les exhorta.

Deberíamos ser lo mismo que ellas:
un grito de ebriedad más allá del destrozo,
saber que la derrota es simiente
(no principio del fin)
y bailar al compás del fracaso
hasta hacernos heridas en los pies.

Vivir sería entonces,

rendirse en la alegría.

MILAGRO OTOÑAL

Hoy ha caído fuego de los cielos
hasta encenderme todos los sentidos.

FRANCISCO BRINES

Este sol otoñal (imponente en su escándalo)
resquebraja las noches que habitan en nosotros
y conquista el paisaje deshojando el recuerdo
de los días de lluvia.

Vivamos el milagro de ver estos destellos
posados en las cosas
con los ojos de un niño que desconoce el humo
de la intranquilidad
y ardamos en su exordio intensamente
porque tal vez mañana,
la muerte nos aliste en su ejército de sombras.

IR POR AHÍ CONMOVIÉNDOSE

En los gritos de un loco al que nadie comprende,
en el plácido ruido de las hojas
que abandonan el árbol,
en un tendal con ropa batido por el viento,
en los ojos de un hombre que mira hacia la luz
sabiéndose tan poco como una brizna de hierba,
en la respiración de dos amantes
que se entregan al beso,
en el ladrar de un perro, en la luna redonda
de una noche de junio,
en las manos que estrechan otras manos
cuando hay algo que duele,
en el canto del gallo anunciando la aurora,
en un cielo agraviado por una tempestad,
en el llanto del crío que acaba de nacer
o en el agua que arruina el perfil de las piedras
y cabalga hacia el mar con afán insaciable,
existe algo dichoso que nos hace pensar
que merece la pena seguir hasta la muerte
con intacta ilusión.

UN VIVIR VERDADERO

Hoy quiero celebrar
cuanto miro y no pienso,
volcarme en la existencia
amputado de todo lo que me hace olvidar
que en mí sí hay un tesoro
y zozobrar en ese no hacer nada
que ilumina las cosas más pequeñas.

Hoy quiero vislumbrar sin bullicio en mi mente
cómo trenzan las hojas en la copa del roble
una gesta invisible
y ser poco en las ascuas de este día.

Un vivir verdadero
me concedo esta tarde
en la que nadie soy.

NADIE

Ser como las flores,
como los árboles,
como los pájaros.

DIEGO MARTÍNEZ TORRÓN

Ser la flor que se expone sin blindaje
al furor de tormentas,
el canto de un zorzal atravesando el aire,
las ramas despojadas de los chopos
o el llanto de una fuente.

Ser la sed de la tierra, la lluvia que la calma,
la mano de un anciano surcada por los años,
la luna y sus enigmas, la hermosa claridad
del día amanecido, el mar encabritado
o el bullicio de un trueno.

Ser aquel que no fuimos,
el sueño que germina muy dentro de nosotros
y vivir siendo
nadie.

SILENCIO

Las palabras no dichas entrelazan silencios
de infinito espesor
y proscriben las dudas que devastan las ganas
de arrojarse a la vida
con aliento de fiera.

En lo no pronunciado
se derriban las muertes que llevamos adentro
como un muro de escombros
y lo que era imposible (una mano asesina)
se convierte en pureza,
en un cirio que alumbra.

PENSAMIENTOS RESILIENTES

En medio de la dificultad reside la oportunidad.

ALBERT EINSTEIN

I

Todo toma su rumbo a pesar de las trabas
que la vida dispensa.

II

Cada instante es simiente
de una nueva existencia.

III

Hasta en el duro golpe halla motivos
quien se acoge a la estricta voluntad
de quererse sin límites.

IV

Un tropel de gorriones abre un tajo en el aire.
Es su vuelo el comienzo de un olvido que arrasa
lo que ya no será.

V

La claridad incendia mi mirada
y las ortigas huelen a luz de crisantemo.

PORQUE MORIRÉ

En suma: que me quiten lo vivido.

JORGE GUILLÉN

Porque puedo seguir viendo con estos ojos
(embobados de asombro)
cómo el sol se amotina en la ventana
y me absuelve de penas.

Porque hablo, beso y callo.

Porque abrazo y sonrío
y emerjo como el agua subterránea
cada vez que amanezco.

Porque palpo otras pieles
para dejar de ser escolta de lo oscuro
y vislumbro la verdad
en un tallo de flor o en los labios que callan.

Porque oigo cómo expanden los niños su alegría
sin saber que el adulto se atrinchera en el miedo.

Porque me busco en otros y caigo en el amor
como un adolescente que no teme a derrumbes
y leo frente al mar poemas de Cavafis
y observo cada cosa que encuentro en el camino
pensando que algún día la luz se extinguirá.

Porque a veces soy caos y otras veces quietud.
Porque la claridad siempre penetra en mí
igual que la mañana al centro de la noche.

Porque soy mi existencia y no seré
este cuerpo que avanza hacia ningún lugar.

Porque lloro y me escribo sin palabras.

Porque planto mis sueños en terrenos sin nombre
y los riego a pesar de los pesares
que me dicen que obrar en este mundo es vano.

Porque aún estoy vivo y sin nacer
me celebro.

REGRESAR A DONDE FUI TAN LIMPIO
COMO EL AIRE DE LOS BOSQUES

Regresar a la vida solitaria,
a sus acantilados en terrenos de nadie,
al caminar errante
que dinamita el yo de la arrogancia,
al gran anfiteatro de los montes
donde todo perdura en su esplendor.
Regresar y perderse,
y bañarse de luz,
y saberse terrestre como una hierba,
y cederse al azar de los días sin culpa,
y deleitarse estando
tan cerca de uno mismo.

ÍNDICE